Au G. Q. G., le 27 septembre 1916.

39

ANNEXE PROVISOIRE

INSTRUCTION DU 2 JANVIER 1916

COMBAT OFFENSIF

DES PETITES UNITES

PARIS

IMPRIMERIE NATIONALE

1916

NOTE ANNEXE PROVISOIRE

À L'INSTRUCTION DU 8 JANVIER 1916

SUR LE COMBAT OFFENSIF

DES PETITES UNITÉS.

GRAND QUARTIER GÉNÉRAL
DES
ARMÉES DE L'EST.

—

ÉTAT-MAJOR.

—

3ᵉ BUREAU.

Nº 22.282.

Au G. Q. G., le 27 septembre 1916

NOTE ANNEXE PROVISOIRE

À L'INSTRUCTION DU 8 JANVIER 1916

SUR LE COMBAT OFFENSIF

DES PETITES UNITÉS

PARIS

IMPRIMERIE NATIONALE

—

1916

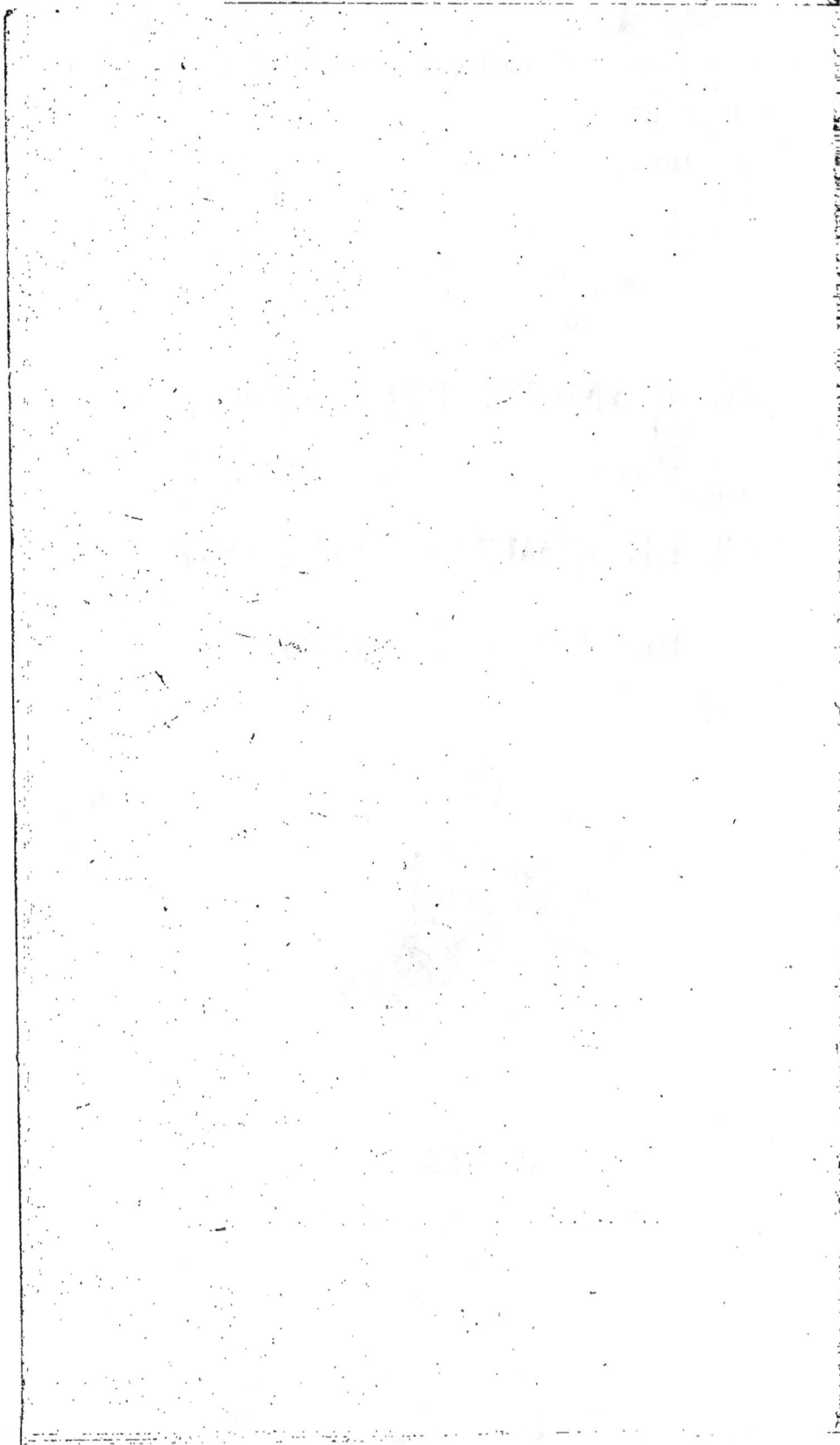

GRAND QUARTIER GÉNÉRAL
DES
ARMÉES DE L'EST.
—
ÉTAT-MAJOR.
—
3ᵉ BUREAU.
—
Nᵒ 22 262.

Au G. Q. G., le 27 septembre 1916.

NOTE ANNEXE PROVISOIRE

À L'INSTRUCTION DU 8 JANVIER 1916

SUR LE COMBAT OFFENSIF

DES PETITES UNITÉS.

ORGANISATION INTÉRIEURE DES COMPAGNIES
ET PROCÉDÉS
DE COMBAT OFFENSIF DES PETITES UNITÉS.

Pour obtenir un entraînement judicieux des spécialités introduites dans la compagnie d'infanterie et pour faciliter leur emploi au combat, il est nécessaire que ces spécialités soient groupées et encadrées. **L'organisation intérieure de la compagnie** (1) doit être, à l'avenir, modifiée en conséquence.

D'autre part, l'expérience des affaires en cours permet de donner sur l'emploi de ces spécialités, et d'une manière générale sur le **combat des petites unités**, des précisions qui compléteront utilement l'Instruction du 8 janvier 1916.

La présente Note, qui règle ces deux points et qui précise en outre les **caractéristiques du nouvel armement de l'infanterie**, sera distribuée jusqu'aux chefs de section inclusivement et fera l'objet de la plus large divulgation.

---

(1) Compagnie de mitrailleuses exceptée, bien entendu.

ORGANISATION DE LA COMPAGNIE D'INFANTERIE.

L'effectif et l'encadrement de la compagnie demeurent ceux fixés par les tableaux d'effectifs de guerre (26 août 1914).

Afin de faciliter le service, les appellations suivantes seront désormais réglementaires :

Grenadiers pour les soldats spécialisés dans l'emploi de la grenade à main et à fusil (grenadiers V. B.);

Fusiliers pour les soldats spécialisés dans l'emploi du fusil-mitrailleur (F. M.);

Voltigeurs pour les autres combattants dont cette appellation caractérise heureusement l'activité et le dévouement à des tâches multiples.

Ces appellations ne modifient en rien la vie intérieure de la compagnie; grenadiers, fusiliers, voltigeurs prennent une part égale aux travaux de toute sorte.

La compagnie forme 4 sections de composition identique. La section est divisée en deux demi-sections :

1re demi-section (sergent grenadier ou fusilier):

1re escouade (grenadiers) : 1 caporal et 7 grenadiers,

2e escouade (fusiliers) : 1 caporal et 6 fusiliers (1).

2e demi-section (sergent voltigeur):

3e escouade (voltigeurs) : 1 caporal,
                  8 voltigeurs,
                  2 V. B. (2),
                  1 pourvoyeur.

4e escouade (voltigeurs) : 1 caporal,
                  9 voltigeurs,
                  2 V. B. (2),
                  1 pourvoyeur.

Les autres soldats de la section ne combattant pas dans le

---

(1) Soit les équipes de 2 F. M.

(2) Les soldats armés du tromblon V. B. auront de nombreuses occasions, notamment au cours de l'assaut, d'employer leur fusil et leur baïonnette. En outre, dans le dispositif de combat, ils sont en général placés sur la même ligne que les voltigeurs. C'est pour ces raisons qu'ils sont, avec leurs pourvoyeurs, répartis entre les 2 escouades de voltigeurs.

rang, tels que tambour ou clairon, agent de liaison, sapeur-pionnier, infirmier, cycliste, signaleur, ordonnance, etc., sont répartis entre les escouades de façon à égaliser les effectifs (1).

En dehors des grenadiers, tous les autres soldats doivent savoir lancer la grenade — chaque voltigeur reçoit en outre l'instruction d'une spécialité.

Les pertes de la 1re demi-section sont, en principe, comblées par la 2e demi-section dans des conditions fixées par le capitaine et approuvées par le chef de bataillon.

Il importe à cet égard de ne pas réduire à l'excès la proportion des voltigeurs par rapport aux grenadiers et aux fusiliers on devra s'efforcer d'avoir toujours au complet l'escouade de voltigeurs.

Pour l'instruction, les spécialistes de chaque catégorie peuvent être réunis par compagnie ou par bataillon, sous la direction d'un officier.

Cette organisation recevra une application immédiate.

---

(1) Le tableau ci-dessous donne la répartition de l'effectif de guerre de la compagnie dans la nouvelle organisation.

Total de l'effectif troupe du tableau d'effectif de guerre du 26 août 1914 194

Décomposition :

a) Sections de combat organisées comme l'indique le texte ci-dessus :

Sous-officiers (sergents chefs de demi-section)......	8	
Caporaux chefs d'escouade......................	16	160
Soldats.......................................	144	

b) Gradés non compris dans les sections de combat :

Adjudant......................................	1	
Sergent-major.................................	1	4
Sergent fourrier	1	
Caporal fourrier...............................	1	

c) Soldats non compris dans les sections de combat :

Conducteurs...................................	3	
Sapeurs-pionniers.............................	4	
Tambours ou clairons (agents de liaison du capitaine).	4	
Infirmier.....................................	1	22
Signaleurs....................................	2	
Tailleur et cordonnier.........................	2	
Ordonnance (du capitaine).....................	1	
Divers..	5	

TOTAL 194

1..

CARACTÉRISTIQUES DU NOUVEL ARMEMENT DE L'INFANTERIE.

L'évolution qui s'est accomplie dans l'armement de l'infanterie depuis le début de la campagne est résumée dans le tableau ci-dessous :

	AU DÉBUT DE LA CAMPAGNE.	ACTUELLEMENT.
Fusil baïonnette..	Presque totalité de l'effectif.	
Grenades à main..	Néant...................	32 grenadiers par compagnie.
Grenades à fusil..	Néant...................	16 tromblons par compagnie.
Fusil mitrailleur..	Néant...................	8 par compagnie.
Mitrailleuses.....	2 pour 4 compagnies......	8 pour 3 compagnies.
Canons de 37....	Néant...................	1 par bataillon.

Ce nouvel armement possède les caractéristiques suivantes :

Grenades à main (1). — **Dans la défensive**, la grenade à main est un excellent **engin de barrage à courte distance**; elle permet notamment de constituer avec quelques grenadiers bien entraînés, braves et largement approvisionnés, des **nids de résistance** difficiles à détruire et de couvrir ainsi les organes essentiels de la défense, saillants, mitrailleuses, P. C., débouchés de boyaux, etc.

Tous les soldats, sauf les maladroits, doivent pouvoir exécuter un barrage à 25 mètres à raison de 1 homme par 10 mètres avec des OF ou de 1 homme par 15 mètres avec les F_1.

Dans l'offensive, la grenade à main permet d'atteindre le défenseur abrité qui a échappé au bombardement; elle constitue un excellent **engin de nettoyage** des tranchées, de **progression dans les boyaux** et les **terrains bouleversés**; elle est l'arme par excellence des coups de main.

L'escouade de grenadiers peut se dédoubler; elle est souvent appelée à le faire, notamment lorsqu'elle doit encadrer une escouade de fusiliers, avec laquelle elle forme une vague.

La grenade OF, avantageusement employée au départ

---

(1) Voir l'instruction du 17 avril 1916 sur le combat à la grenade.

d'une attaque, est moins efficace que la F$_1$; par suite, les troupes d'attaque doivent avoir la plus grande partie de leur approvisionnement en F$_1$.

La portée, la précision obtenue par les lanceurs, la discipline du groupe, sont des éléments prépondérants dans le combat à la grenade; ces qualités résultent de l'entraînement; on ne saurait y attacher trop d'importance.

Grenades à fusil V. B. (1). — Peut être employée comme engin de tranchée pour harceler l'adversaire, mais est avant tout une arme de combat.

Dans la défensive, les 16 tromblons d'une compagnie envoient sur son front 150 grenades à la minute et font **automatiquement**, à une distance variant de 80 à 150 mètres, un barrage infranchissable. Le tir de quelques V. B. concentré sur un boyau arrête la progression des grenades adverses.

Dans l'offensive, la grenade V. B. prolonge l'action des grenades à main, en permettant d'atteindre à bonne distance un adversaire terré.

Dans les nombreux combats locaux, où il n'est pas possible d'obtenir l'appui de l'artillerie, elle supplée à cet appui, en bombardant avec précision les nids de résistance adverses.

Elle isole les groupes ennemis attaqués à la grenade à main, en interdisant leur retraite et en empêchant l'arrivée des renforts.

La grenade V. B. est enfin un engin extrêmement efficace contre les contre-attaques ennemies.

Quelle que soit la situation, mais plus particulièrement encore dans l'offensive, il y a toujours intérêt à employer la grenade V. B. par concentration de feux.

Fusil-mitrailleur (2). — Ses caractéristiques sont :

Une extrême mobilité;

Une efficacité assurée aux petites distances; **le tir est automatiquement bas;**

Une certaine efficacité aux moyennes distances;

Une certaine souplesse; le tir en fauchant est facilement exécutable; les changements d'objectifs sont instantanés;

La possibilité de tirer en marchant, ce qui, dans certains cas, permet d'obliger l'adversaire à rester terré pendant les derniers bonds de l'attaque (3).

---

(1) Voir l'instruction du 17 avril 1916 sur le combat à la grenade.
(2) Voir l'instruction du 13 février 1916 sur l'emploi du F. M.
(3) On a émis des doutes sur la robustesse du mécanisme du fusil mitrailleur; l'expérience prouve que cette objection n'est pas fondée, si l'on prend la précaution de ne sortir l'arme de son étui qu'au moment de s'en servir. La boue est un des principaux ennemis du F. M.

L'arme ne possède ni la rigidité ni la rapidité de tir de la mitrailleuse, qu'elle ne peut remplacer complètement. Son feu produit néanmoins un effet moral analogue à celui de la mitrailleuse; de plus, elle est à la disposition des petites unités à des moments et dans des conditions où l'installation de mitrailleuses ne serait pas possible.

Le F. M. est donc par excellence l'arme d'accompagnement de l'infanterie, de conservation du terrain conquis et **d'arrêt de la contre-attaque**, grâce à la densité du feu qu'il permet de réaliser **instantanément** dès la conquête d'un objectif, à la mobilité de ce feu et, en outre, grâce à la possibilité qu'il donne d'amener **sans précipitation** (1) la mitrailleuse aux points favorables notamment en vue du flanquement.

Sur les positions conquises, le F. M. permet le balayage des boyaux conduisant à l'ennemi, celui des cheminements probables des réserves. Il y a intérêt à l'employer à ce moment, à **titre préventif**, pour agir sur le moral de l'ennemi et faire avorter la contre-attaque.

Le bon fonctionnement du fusil-mitrailleur dépend, avant tout, de l'entraînement de l'équipe et du soin avec lequel il est entretenu.

Dès les premiers essais au combat, on a reconnu la nécessité de mettre un **gradé** à la tête de deux équipes.

Canon de 37. — Les caractéristiques du canon de 37 sont :

Une mobilité suffisante pour accompagner l'infanterie dans toutes les circonstances du combat;

Une extrême précision;

Une grande facilité de réglage;

Une portée utile de 1,500 mètres;

La possibilité de faire du tir masqué.

L'obus produit des effets comparables à ceux d'une grenade, mais d'une grenade qui aurait une force de pénétration suffisante pour traverser, avant d'éclater, soit 2 ou 3 rangées de sacs à terre, soit un blindage de bois, soit une plaque d'acier.

Cette arme a été construite pour détruire par un tir de plein fouet les mitrailleuses visibles.

---

(1). Avant l'adoption du F. M., toute infanterie exécutant une attaque avait une préoccupation constante — d'ailleurs très juste — faire venir vite, très vite, la mitrailleuse sur le front atteint. Il en résultait souvent que les mitrailleuses, amenées précipitamment, étaient plus ou moins bien utilisées. Le F. M. donne le temps de placer la mitrailleuse après réflexion et reconnaissance.

Le canon de 37 peut également donner des résultats appréciables contre des troupes prises sous un tir d'enfilade.

L'expérience a condamné l'emploi systématique du canon de 37 dans les vagues d'infanterie, car il y est immédiatement repéré et détruit.

RENDEMENT DES ENGINS NOUVEAUX À L'INTÉRIEUR DE LA COMPAGNIE.

Le rendement maximum de la compagnie nouvelle ne sera atteint, surtout dans l'offensive, qu'à trois conditions primordiales:

Il faut que les engins nouveaux agissent **en combinaison** les uns avec les autres.

Il faut que leur **ravitaillement** soit assuré.

Il faut enfin que les hommes qui les servent soient **instruits**.

La **combinaison** des mitrailleurs, du F. M., du canon de 37 et des grenades V. B. permet à l'infanterie de forcer l'adversaire à rester tapi dans ses trous, tandis que grenadiers et voltigeurs se jettent sur lui en recherchant le corps à corps.

Les armes à trajectoire tendue (mitrailleuse, F. M., canon de 37) s'attaquent à tout ce qui émerge du sol. Les engins à trajectoire courbe (grenades à main et V. B.) s'attaquent à tout ce qui se terre. Les voltigeurs complètent et exploitent les résultats obtenus par les spécialistes.

Le **ravitaillement** doit être parfaitement organisé pour que les engins disposent en tout temps des munitions nécessaires. Se rappeler que le ravitaillement est d'autant plus délicat que les munitions des engins nouveaux sont plus lourdes et plus encombrantes.

L'**instruction** est plus nécessaire encore avec le nouvel armement qu'avec l'ancien.

Les armes à grand rendement n'ont de valeur qu'entre les mains de soldats **instruits, disciplinés, courageux,** dirigés par des chefs possédant des connaissances précises sur l'emploi de ces armes.

Il faut écarter définitivement de l'esprit l'idée que les spécialistes forment une catégorie à part, ayant dans la vie ordinaire et au combat des obligations différentes de celles de leurs camarades. Mitrailleurs, grenadiers, fusiliers, vivent et combattent dans le rang, en union intime avec les voltigeurs; leur instruction seule est spécialisée.

Dans cette guerre, qui dure, les procédés de combat se

modifient sans cesse; il est du devoir de chacun de suivre cette évolution et d'exploiter au plus vite tous les progrès accomplis. A courage égal, la victoire est au plus habile.

La compagnie actuelle, munie de tous ses engins et appuyée par un nombre de mitrailleuses correspondant à son effectif, est susceptible de donner sous le rapport du feu un rendement très supérieur à celui obtenu par l'unité du début de la campagne. La différence, déjà sensible aux moyennes distances de tir, devient saisissante aux distances inférieures à 200 mètres.

Dans la défensive, la compagnie peut s'accrocher beaucoup plus solidement au sol, **pour attendre le barrage d'artillerie.**

Cette dernière propriété est particulièrement précieuse pour le fantassin, après la conquête d'un objectif, pendant tout le temps où, faute de la connaissance exacte de la situation, l'artillerie ne peut couvrir son infanterie.

Dans l'offensive, l'infanterie a recouvré une puissance et une faculté manœuvrière qui avaient été très diminuées depuis l'apparition de la guerre de tranchées. Lorsque l'artillerie a fait brèche dans les organisations ennemies, l'infanterie peut se lancer à l'intérieur de celles-ci et briser par ses **propres moyens** toutes les résistances locales et les contre-attaques ennemies.

PROCÉDÉS DE COMBAT.

§ 1er. — Combat de la section.

Diminution de la densité, augmentation de la profondeur, telle est la caractéristique des procédés de combat actuels.

L'expérience des récents combats confirme que l'intervalle de 4 à 5 pas entre les hommes d'une ligne déployée assure le minimum de pertes tout en laissant à la troupe la cohésion suffisante : l'intervalle de 4 à 5 pas entre les tirailleurs est donc la distance normale.

Il s'ensuit que pour éviter des fronts trop étendus, sur lesquels toute direction devient impossible, la section se formera généralement au début non plus sur une seule ligne, mais en profondeur.

Le front de combat normal de la section est de 80 à 100 pas ou 60 à 75 mètres.

La section peut combattre :

Comme unité d'assaut,

Comme unité de renfort.

1° **Q** and la **section** est unité d'assaut :

Sa première ligne, appelée couramment vague, est généralement constituée par sa 1re demi-section (grenadiers et fusiliers) :

Les grenadiers pour pouvoir agir de suite sur les défenseurs ennemis terrés dans la tranchée adverse ou dans les trous d'obus;

Les fusiliers pour pouvoir prendre de suite sous leur feu les défenseurs qui se montrent, ceux qui fuient ou ceux qui accourent à la contre-attaque.

Sa deuxième ligne (2e vague) comprend alors sa 2e demi-section :

Les grenadiers V. B. pour pouvoir, par leur tir plongeant, faire barrage en avant du front occupé, ou en arrière du front attaqué, atteindre des ennemis terrés, trop éloignés pour être justiciables de la grenade à main.

Les voltigeurs pour occuper la première vague et régler à coups de baïonnette et de fusil les luttes entamées par leurs camarades de la première vague.

Le chef de section marche avec la deuxième vague, entre ses deux escouades de voltigeurs.

La distance entre les deux vagues varie de 10 à 15 pas.

On peut également, dans certaines circonstances, être amené à placer des voltigeurs dans la première vague, notamment lorsque le front de la section dépasse le front normal; il est alors recommandé de les employer par escouade et de manière à encadrer l'escouade de F. M.

2° **Quand la section est unité de renfort :**

Elle prend, si son effectif le comporte, une formation sur deux lignes, comme la section d'assaut.

Le chef de section marche en tête avec la ligne des escouades de spécialistes, afin de pouvoir **diriger** sa section au mieux des circonstances révélées par le combat de la section précédente (section d'assaut). Il déploie ses escouades ou les fait marcher en colonne par un, pour en disposer plus longtemps.

Lorsque la section de renfort aura été diminuée de l'une ou des deux escouades de spécialistes (comme il est prévu plus loin), son chef pourra la disposer en une seule vague.

§ 2. — Combat de la compagnie.

Le front de combat attribué à la compagnie varie entre 200 et 300 mètres.

La compagnie est généralement en mesure de constituer

son front de combat par deux sections d'assaut accolées. Elle peut également en mettre trois et exceptionnellement quatre.

Les sections ne faisant pas partie de la ligne d'assaut sont sections de renfort.

Les sections d'assaut forment les deux premières vagues de la compagnie, dites « vagues d'assaut », qui marchent dans les conditions indiquées précédemment pour la section.

Immédiatement derrière les vagues d'assaut et à une distance de 10 à 20 pas de la deuxième vague marchent les **détachements** de nettoyeurs de tranchée, formant la vague dite « **de nettoyage** » ou troisième vague (voir plus loin).

Les éléments restants de la compagnie (1 ou 2 sections diminuées s'il y a lieu des nettoyeurs) forment, suivant l'effectif, une ou deux vagues dites « de renfort » ou « de manœuvre ».

Le capitaine marche en tête de cette ou de ces deux dernières vagues.

Les vagues de renfort sont séparées de la vague de nettoyage par une distance de 40 à 50 pas environ.

PLAN D'ENGAGEMENT.

La réussite d'une attaque dépend de la perfection de son exécution. Cette perfection doit être assurée par le **plan d'engagement** du chef de l'unité.

Le plan d'engagement est basé sur :

La mission assignée à l'unité ;

Les obstacles à vaincre pour la réalisation de cette mission ;

Les moyens dont dispose l'unité.

La mission donnée à la compagnie, les moyens supplémentaires mis à sa disposition sont indiqués par le chef de bataillon dans son ordre d'engagement.

Les obstacles à vaincre sont aujourd'hui connus dans presque tous leurs détails, grâce à l'excellence des méthodes d'investigation et de renseignements mis par les États-Majors à la disposition de la troupe (bulletins de renseignements sur les organisations adverses, photographies quotidiennes, plans directeurs à grande échelle, croquis, renseignements divers). Ces renseignements doivent être classés, schématisés par les colonels, et les extraits ou reproductions utiles distribués très largement par leurs soins jusqu'aux compagnies. Les capitaines font prendre par leurs subordonnés, jusqu'aux sous-officiers inclus, les copies nécessaires et font porter soigneusement sur chaque croquis, au crayon de couleur, les itinéraires et les objectifs successifs de l'unité.

Le capitaine traduit sous forme d'ordre le plan d'engagement de sa compagnie ; le chef de bataillon doit en prendre connaissance et l'approuver, sans que ce contrôle donne matière à papiers et à correspondance.

Le plan d'engagement fixe :

1° La mission du bataillon, la mission de la compagnie et des compagnies volantes ;

2° Le nombre de sections d'assaut, leurs emplacements de départ, l'objectif et la mission particulière de chacune d'elles ;

3° Le nombre et la composition des **détachements** de nettoyeurs de tranchées, leur mission, conformément aux ordres donnés par le chef de bataillon ;

4° La répartition et la mission des sections de renfort (éventuellement diminuées d'escouades de nettoyeurs), leurs itinéraires ;

5° Les directions d'attaque des diverses unités données à l'aide de la boussole ;

6° La distance entre les divers échelons ;

7° L'axe sur lequel se déplacera le capitaine ;

8° L'heure du départ de l'assaut ;

9° La manière dont s'effectuera la progression de l'infanterie en liaison avec le feu de l'artillerie, notamment l'emploi des artifices à signaux (fusées, cartouches) ;

10° Les moyens pour les sections et le capitaine de se signaler mutuellement leurs emplacements ;

11° Les liaisons à chercher avec les unités voisines et les procédés à employer dans ce but ;

12° Les conventions prévues pour jalonner le front, soit à une heure ou sur une ligne convenue, soit à la demande ;

13° L'occupation de la position conquise ; l'exploitation du succès ;

14° La composition du paquetage d'assaut ;

15° L'organisation du ravitaillement : grenades V. B., cartouches à F. M., cartouches à M. ; qui l'assurera (la compagnie ou le bataillon) ; où les approvisionnements seront-ils pris et portés ;

16° L'emplacement des dépôts de matériel (fils de fer, sacs à terre, outils...) destiné à l'organisation du front conquis ;

17° L'évacuation des blessés.

Remarque. — Dans le paragraphe 9° de son ordre d'engagement, le capitaine doit expliquer aux hommes la manière dont l'artillerie allongera successivement son tir au cours de l'assaut et, par suite, la façon dont l'infanterie devra marcher en quelque sorte «dans le feu», en suivant les éclatements au plus près.

Les officiers pour l'attaque n'ont pas de sabre; ils prennent un vêtement et un équipement semblables à ceux de leurs hommes, avec insignes aussi peu apparents que possible.

§ 3. — Combat du bataillon.

Suivant le front qui lui est attribué, le chef de bataillon met en ligne une, deux ou trois compagnies.

Les compagnies de deuxième ligne prennent une formation d'approche diluée en utilisant largement la ligne d'escouade par un.

PLAN D'ENGAGEMENT.

Le plan d'engagement du bataillon repose sur les mêmes bases et comprend les mêmes rubriques que celui de la compagnie.

Le chef de bataillon doit régler en plus :

Le nettoyage des tranchées;

L'emploi de la compagnie de mitrailleuses;

L'emploi du canon de 37;

Le plan d'occupation de la position conquise;

La reconnaissance de l'objectif ultérieur et l'exploitation du succès;

L'organisation du ravitaillement;

L'organisation des liaisons.

Nettoyage. — Le nettoyage des tranchées conquises est une opération extrêmement importante, qui doit être exécutée avec méthode et rapidité. Elle nécessite des gens braves, très énergiquement commandés.

Le plan de nettoyage est établi par le chef de bataillon, d'après les ordres donnés par le colonel. Il a pour base les photographies d'avions qui indiquent les emplacements des principaux abris de l'adversaire.

A l'aide de ces renseignements, le chef de bataillon fixe l'effectif nécessaire pour nettoyer chaque groupe d'abris, l'unité chargée de fournir les détachements, la mission de ceux-ci une fois le nettoyage terminé.

En principe, les détachements de nettoyeurs sont constitués par des escouades de grenadiers, renforcés de quelques voltigeurs ; ils sont commandés toujours par des sous-officiers.

Dans certains cas, ces détachements peuvent atteindre l'effectif d'une demi-section ou d'une section. Parfois même, une compagnie entière sera chargée du nettoyage d'un point d'appui particulièrement important.

Les détachements de nettoyeurs ne sont jamais pris dans les sections d'assaut, qui ont besoin de tous leurs éléments. Ils sont prélevés sur les sections de renfort ou sur les compagnies ou bataillons de deuxième ligne.

Lorsque les objectifs des compagnies de première ligne sont constitués par deux lignes de tranchées assez éloignées l'une de l'autre, il est indispensable de désigner des détachements spéciaux pour le nettoyage de chaque groupe de tranchées. Mais ces détachements, quel que soit leur objectif, marchent **tous** derrière les vagues d'assaut.

Les détachements de nettoyeurs peuvent être chargés, leur besogne terminée, de l'occupation et de l'organisation des tranchées conquises. Il leur est alors adjoint dans ce cas des mitrailleuses ou des F. M.

Suivant les circonstances, les détachements de nettoyeurs marchent en ligne ou en petites colonnes.

Il est indispensable d'effectuer de fréquents exercices de nettoyage de tranchées.

La compagnie de mitrailleuses (1). — La compagnie de mitrailleuses est le moyen puissant que possède le chef de bataillon de compléter par le feu l'action de ses unités. Il en règle l'emploi :

Pour le débouché et la progression de l'attaque,

Pour l'occupation de l'objectif assigné.

1° **Au débouché de l'attaque**, les mitrailleuses des bataillons de première ligne accompagnent leur bataillon, suivant une répartition faite à l'avance par le chef de bataillon et visant surtout leur installation sur le front conquis.

Les mitrailleuses des bataillons de deuxième ligne, placées à l'avance en certains points choisis du front de départ et présentant de bons champs de tir, sont avantageusement utilisées à couvrir les flancs des bataillons de première ligne en arrosant de leurs feux les intervalles qui peuvent se produire entre eux, et surtout le flanc extérieur des bataillons situés aux ailes du dispositif.

Lorsque la forme du terrain le permet, il y a également intérêt à faire agir ces mitrailleuses sur les tranchées ennemies de deuxième et troisième lignes, les boyaux d'accès, les

---

(1) Voir l'Instruction du 24 novembre 1915 sur l'emploi tactique des mitrailleuses.

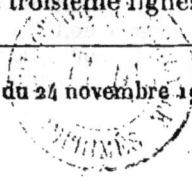

mitrailleuses ennemies qui se révèlent, en prenant toutes précautions nécessaires pour ne pas atteindre ou gêner nos propres troupes.

2° **Après que l'attaque a pris pied,** il dirige tout ou partie des mitrailleuses sur les positions qu'il a désignées d'avance et qui lui semblent assurer au mieux, par des feux directs et de flanquement, la possession du terrain conquis par son bataillon ou par les bataillons voisins (1).

Il y a toujours intérêt à utiliser dans la plus large mesure les engins mécaniques (mitrailleuses, F. M., V. B.) pour assurer la possession du terrain conquis.

Le fractionnement des compagnies insérées sur le front doit donc tendre à placer en première ligne les escouades de fusiliers et les V. B., en réserve en vue de la contre-attaque les escouades de voltigeurs et de grenadiers.

Il appartient de même au chef de bataillon de répartir sa compagnie de mitrailleuses, les escouades de fusiliers et les groupes de V. B. de la compagnie ou des compagnies en réserve, en vue de renforcer la densité des feux sur le front.

Le canon de 37. — Le canon de 37 est en principe un organe de bataillon. Dans certains cas, le colonel peut cependant s'en réserver l'emploi.

Il est employé :

A préparer et à accompagner l'attaque,

A briser les résistances ennemies au cours de l'assaut ;

A coopérer à l'occupation de la position conquise.

Préparation et accompagnement de l'attaque. — Avant le départ de l'attaque, le canon de 37 est mis en batterie sur un emplacement d'où il puisse agir efficacement, soit en démolissant les emplacements de mitrailleuses qui se révèleraient au dernier moment ;

Soit en battant les régions dangereuses pour les flancs de l'attaque ;

Soit en battant les deuxième et troisième lignes ennemies.

---

(1) La compagnie de mitrailleuses est un organe de bataillon ; mais, ainsi que le dit la note 15924 du 23 mai 1916 sur l'organisation nouvelle des corps d'infanterie, «il est entendu que le colonel a le droit et le devoir de détacher les compagnies de mitrailleuses de leur bataillon chaque fois que la situation le comporte».

En principe, tout bataillon engagé doit disposer de la compagnie de mitrailleuses, mais il est parfaitement rationnel de faire travailler au profit d'un bataillon engagé la compagnie de mitrailleuses d'un bataillon réservé.

Afin de ne pas le faire détruire prématurément, il y a intérêt à le mettre en action au dernier moment.

Emploi au cours de l'assaut. — Le canon de 37 se porte en avant dès qu'il n'est plus utilisable sur son emplacement initial, ou lorsque l'infanterie en a besoin pour détruire une résistance ennemie.

Son déplacement doit être prévu dans l'ordre d'engagement.

En raison de sa vulnérabilité, le canon de 37 n'est jamais placé dans les premières vagues. Il suffit qu'il suive le chef de bataillon.

Il est employé soit à détruire un abri de mitrailleuses, soit à nettoyer une tranchée ou un boyau qu'il peut prendre d'enfilade.

Autant que possible, ne jamais l'employer à trop courte distance de ses objectifs. Lui faire effectuer du tir masqué toutes les fois où on le peut.

Occupation de la position conquise. — Le canon de 37 contribue à assurer le maintien de la position conquise, dans les mêmes conditions que les mitrailleuses.

Il est disposé de façon à pouvoir agir sur les débouchés probables des contre-attaques ennemies, en recherchant l'action d'écharpe.

Il est toujours avantageux d'aménager un certain nombre d'emplacements masqués, permettant d'éviter le repérage facile par l'artillerie ennemie.

PLAN D'OCCUPATION DU TERRAIN CONQUIS.

Ce plan résulte des ordres reçus du colonel, d'après le plan d'occupation établi par le général de D. I.

Il consiste :

A déterminer l'effectif des troupes chargées d'occuper le terrain conquis ;

A fixer leur répartition en largeur et surtout en profondeur ; l'échelonnement des mitrailleuses, du canon de 37 ;

A indiquer les travaux à exécuter : construction de tranchées et surtout de boyaux ; la répartition du travail entre les unités ;

A faire connaître les emplacements de dépôts de toute nature : outils, fil de fer, piquets, rondins, sacs à terre etc.

A déterminer approximativement l'emplacement des P. C.

RECONNAISSANCE DES OBJECTIFS ULTÉRIEURS ET EXPLOITATION DU SUCCÈS.

La conquête des objectifs assignés ne marque pas le terme de l'action offensive du bataillon. Il importe au plus haut point :

De reprendre le contact avec l'adversaire,

De reconnaître sa nouvelle position,

De préparer, puis d'exécuter le mouvement en avant destiné soit à conquérir une nouvelle base de départ, soit à exploiter à fond le succès obtenu.

La reprise du contact et la reconnaissance de la nouvelle position ennemie sont effectuées par des patrouilles détachées par les troupes de première ligne dès leur arrivée sur les positions conquises.

Les objectifs de ces patrouilles sont indiqués par le chef de bataillon dans l'ordre d'engagement.

Ces patrouilles, composées de grenadiers et de fusiliers appuyés par quelques voltigeurs, cheminent rapidement vers leurs objectifs. Elles s'y installent et constituent l'ossature d'une nouvelle ligne, qui est occupée et organisée au plus vite.

Toute lacune signalée dans l'organisation adverse doit être exploitée sans retard. Une infanterie entreprenante trouvera toujours l'occasion de compléter un premier succès par l'enlèvement de points d'appui dont la conquête serait achetée chèrement le lendemain. En particulier, tout point abandonné par l'ennemi devra être occupé immédiatement.

Limitation des objectifs ne veut pas dire suppression de l'esprit d'entreprise.

Le chef de bataillon ne doit pas perdre de vue que l'exploitation du succès n'est pas faite par l'infanterie seule, mais a lieu **en combinaison avec l'artillerie.** La progression ultérieure doit donc avoir été étudiée à l'avance de concert avec l'artillerie et réglée dans ses plus petits détails.

L'attention de tous les officiers et sous-officiers du bataillon devra être appelée d'une façon instante sur la nécessité d'envoyer à l'arrière de fréquents et rapides comptes rendus.

ORGANISATION DU RAVITAILLEMENT.

Cette tâche particulièrement importante incombe au colonel et aux chefs de bataillon.

Quelle que soit la nature du ravitaillement, on cherchera en toutes circonstances à pousser les animaux aussi près que possible des troupes afin de diminuer la longueur du trajet des corvées. Les mulets et les ânes rendent à ce sujet les plus grands services.

Ravitaillement en vivres. — Les hommes recevront au départ tous les vivres qu'ils pourront porter et en particulier 2 à 3 litres d'eau.

Les cuisines roulantes et les voitures à eau groupées par bataillon, sous le commandement d'un officier ou sous-officier très énergique, seront poussées le plus près possible des troupes.

On évitera les aliments trop liquides difficiles à transporter. On aura avantage dans certains cas à constituer par escouade une sorte de panier-repas contenant la nourriture pour toute la journée du lendemain. On pourra également faire des dépôts de vivres de conserve près des P. C. des capitaines.

Les hommes recevront de l'alcool solidifié pour réchauffer leurs aliments.

Ravitaillement en munitions et en artifices à signaux. — La base de ce ravitaillement est la constitution d'un certain nombre de dépôts avancés contenant chacun toutes les catégories de munitions pouvant être demandées.

Le développement des spécialités, qui pour la plupart consomment des munitions lourdes et volumineuses, fait de la bonne organisation du ravitaillement une nécessité vitale.

Il paraît commode de constituer à l'avance des lots de munitions comprenant :

Des cartouches pour fusil 86,

Des cartouches pour mitrailleuses et pour F. M.,

Des grenades à main,

Des grenades V. B.,

Des cartouches pour canon de 37,

Des fusées ou cartouches signaux,

Des fusées lumineuses,

Des sacs à terre pour assurer le transport.

L'infanterie se servant peu de son fusil, la proportion des cartouches 86 sera généralement assez faible.

Toutes les fois où les troupes demanderont des munitions, on enverra un lot complet, sauf avis contraire.

Ravitaillement en matériel. — De même que pour les vivres et les munitions, des dépôts de matériel doivent être constitués à l avance à proximité des tranchées de départ ou tout au moins des P. C. des capitaines et chefs de bataillon.

Organisation des liaisons. — Voir :

L'Instruction sur la liaison du 4 décembre 1915.

Le Règlement provisoire sur la liaison d'infanterie par avion et par ballon captif, du 17 avril 1916.

APPROUVÉ,

J. JOFFRE.

CROQUIS.

Nota. — Les dispositifs indiqués par les croquis ne sont que des schémas explicatifs; ils peuvent et doivent être modifiés dans la pratique chaque fois que la situation et la mission varient.

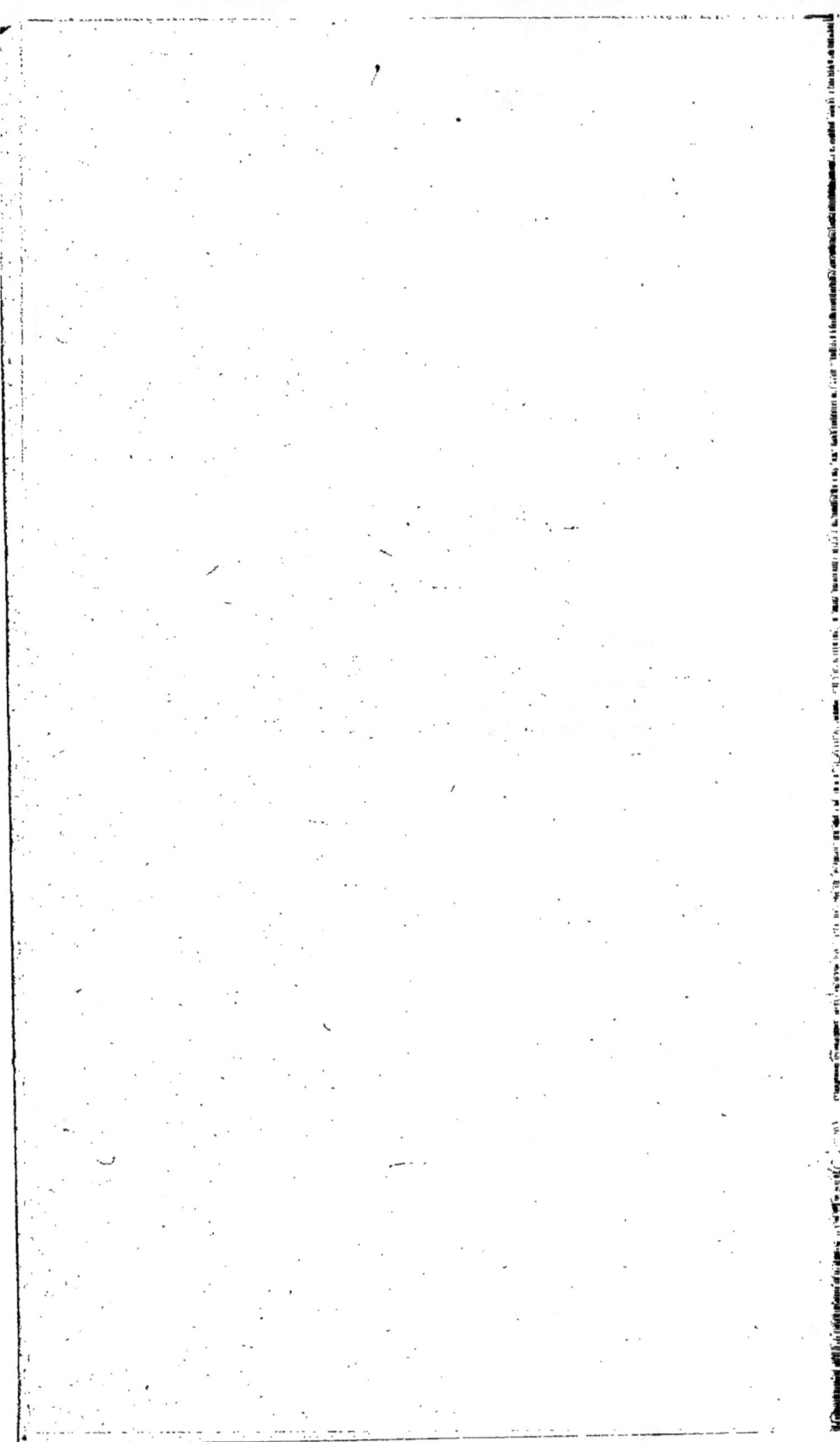

Compagnie de 1ʳᵉ ligne en formation d'attaque (front de 200ᵐ) ayant 2 Sections d'assaut

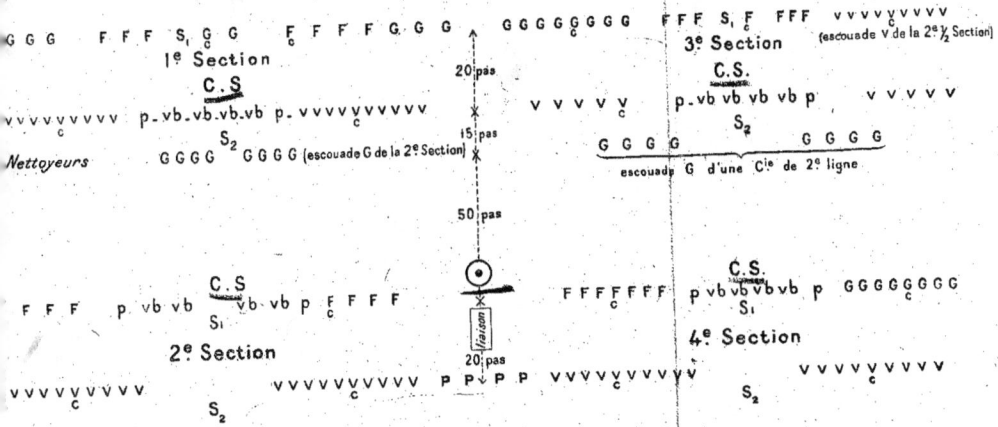

G G G   F F F   S, G G   F F F F G G G   G G G G G G G G   F F F   S, F   F F F   v v v v v v v v v
                 c   c   c   (escouade V de la 2ᵉ ½ Section)

1ᵉ Section   20 pas   **3ᵉ Section**

C.S   **C.S.**

v v v v v v v v v   p‑vb‑vb‑vb‑vb   p‑v v v v v v v v v v   v v v v v   p‑vb vb vb p   v v v v v
            c   c   **S₂**

                S₂   15 pas

Nettoyeurs   G G G G   G G G G (escouade G de la 2ᵉ Section)   G G G G   G G G G

                                             escouade G d'une Cⁱᵉ de 2ᵉ ligne

                          50 pas

                                  ⊙

                      C.S   **C.S.**

F F F   p‑vb vb   vb‑vb p   F F F F   F F F F F F F   p vb vb vb p   G G G G G G G G
                  S₁   c   c   **S₁**   c

2ᵉ Section   Liaison   **4ᵉ Section**

                                 20 pas

v v v v v v v v v   v v v v v v v v v v   P P v P P   v v v v v v v v v v   v v v v v v v v v
          c   c   c   c
                S₂   **S₂**

LÉGENDE

G Grenadier	F Caporal Fusilier	v.b Grenadier Viven Bessières	S₁ Sergent de 1ᵉ ½ Section
G Caporal Grenadier	v Voltigeur	P Pourvoyeur	S₂ Sergent de 2ᵉ ½ Section
F Fusilier	v Caporal Voltigeur	P Pionnier	C.S. Chef de Section

⊙ Commandant de Compagnie

Compagnie de 1ʳᵉ ligne en formation d'attaque (front de 250 à 300ᵐ)
ayant 3 Sections d'assaut

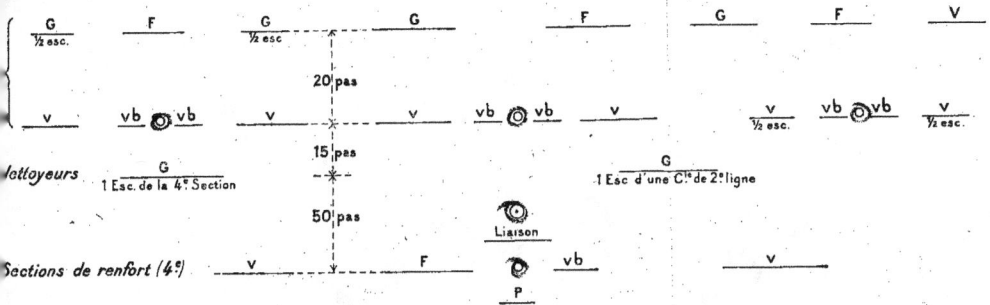

Nettoyeurs

G
½ esc. F G
½ esc G F G F V

20 pas

v vb ⊚ vb v vb ⊚ vb v v
½ esc. vb ⊚ vb v
½ esc.

15 pas

G
1 Esc. de la 4ᵉ Section

G
1 Esc. d'une Cⁱᵉ de 2ᵉ ligne

50 pas

⊚
Liaison

Sections de renfort (4ᵉ) v F ⊚ vb v

P

LÉGENDE

G	Grenadiers	vb	Grenadiers Viven Bessières
F	Fusiliers	P	Pionniers
V	Voltigeurs	O	Chef de Section
		⊙	Commᵗ de Compagnie

Bataillon en formation d'attaque (front de 400 à 500ᵐ)

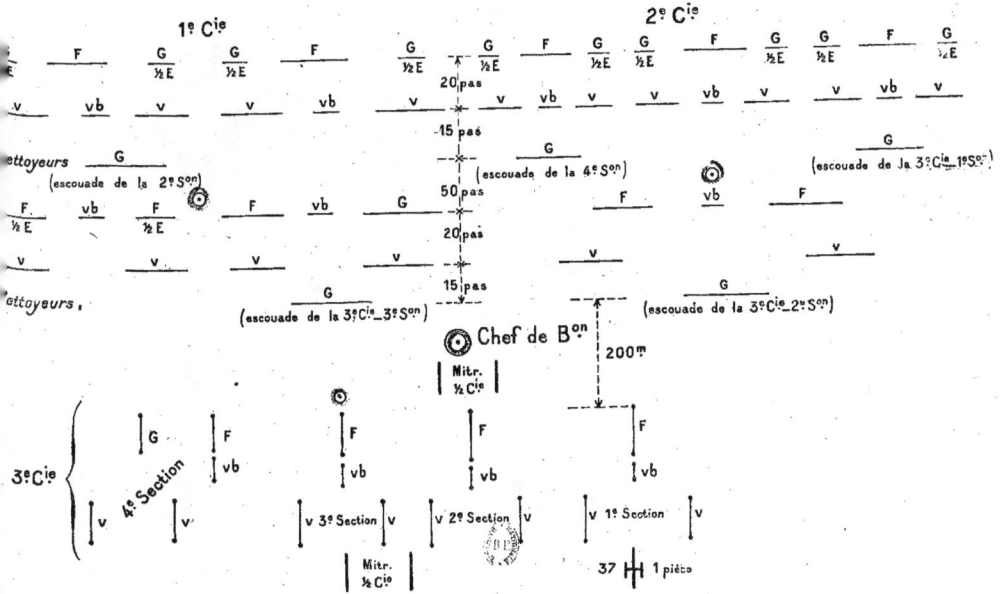

Plan de nettoyage du bataillon en formation d'attaque
donnée par croquis n° 3

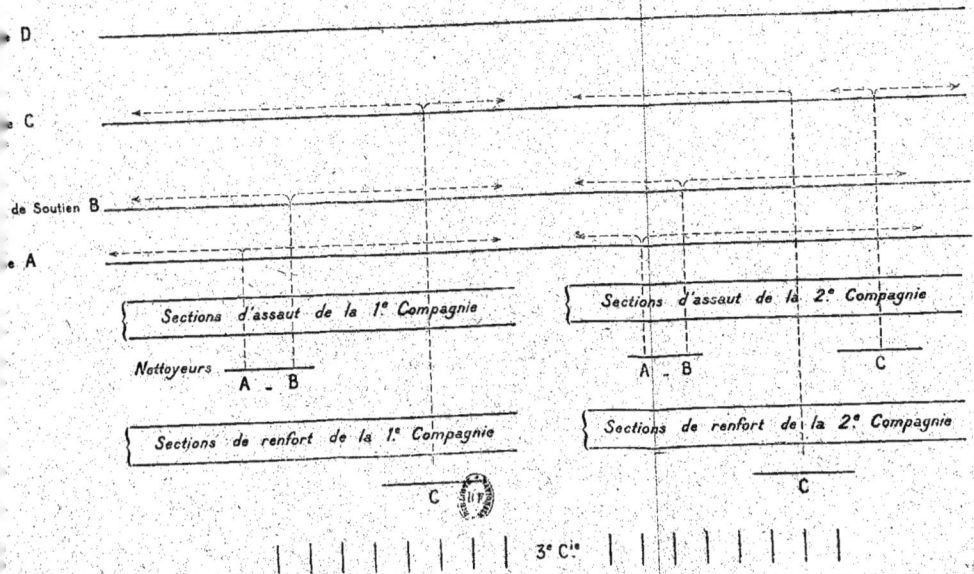

D

C

de Soutien B

A

Sections d'assaut de la 1ᵉ Compagnie

Sections d'assaut de la 2ᵉ Compagnie

Nettoyeurs   A - B

A - B   C

Sections de renfort de la 1ᵉ Compagnie

Sections de renfort de la 2ᵉ Compagnie

C   C

3ᵉ Cⁱᵉ

www.ingramcontent.com/pod-product-compliance
Lightning Source LLC
Chambersburg PA
CBHW060812280326
41934CB00010B/2656